So wird es gemacht:

Öffne das LÜK®-Kontrollgerät und lege die Plättchen in den unbedruckten Deckel. Jetzt kannst du auf den Plättchen und auf dem Geräteboden die Zahlen 1 bis 24 sehen.

Beispiel: Seite 3
Das Fürwort (Personalpronomen)
Nimm das Plättchen 1, sieh dir das Bild 1 an und entscheide, welches Personalpronomen dazu passt.
Neben dem Fürwort steht die Feldzahl, auf die du das Plättchen im Kontrollgerät legen musst. Lege also das Plättchen 1 auf das Feld 14 im Geräteboden. Die Zahl 1 muss nach

oben zeigen.

So musst du weiterarbeiten, bis alle Plättchen im Geräteboden liegen. Schließe dann das Gerät und drehe es um. Öffne es von der Rückseite.

Wenn du das bei der Übungsreihe abgebildete Kontrollmuster siehst, hast du alle Aufgaben richtig gelöst.

Passen einige Plättchen nicht in das Muster, dann hast du dort Fehler gemacht. Drehe diese Plättchen da, wo sie liegen, um, schließe das Gerät, drehe es um und öffne es wieder. Jetzt kannst du sehen, welche Aufgaben du falsch gelöst hast.

Nimm diese Plättchen heraus und suche die richtigen Ergebnisse. Kontrolliere dann noch einmal. Stimmt jetzt das Muster?

Das System ist für alle Übungen dasselbe: Die roten Aufgabennummern im Heft entsprechen immer den LÜK-Plättchen aus dem Kontrollgerät. Die Zahlen hinter den Lösungen sagen dir, auf welche Felder des Kontrollgerätes du die Plättchen legen musst.

Und nun viel Spaß!

Das Fürwort (Personalpronomen)

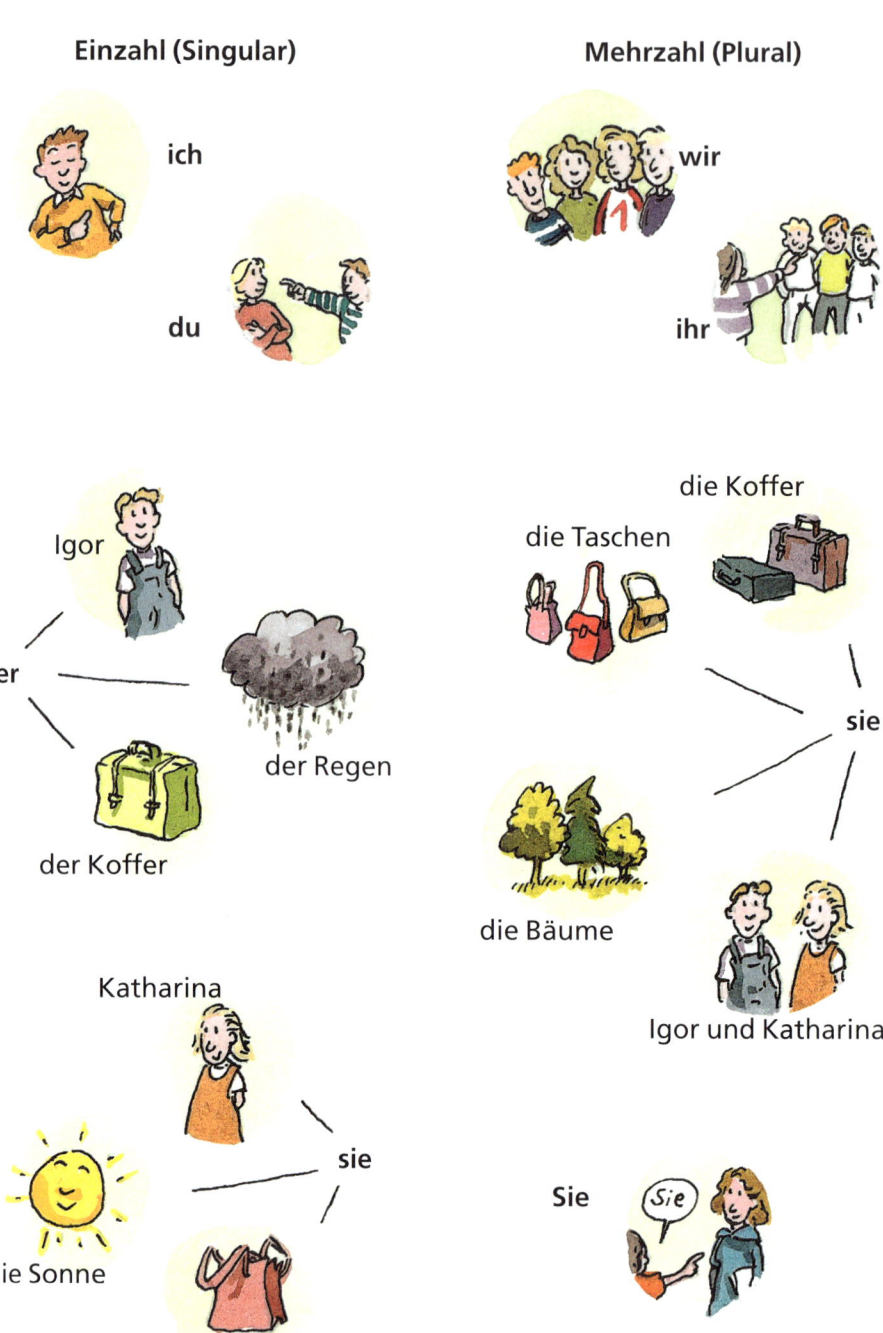

Einzahl (Singular)

ich

du

Mehrzahl (Plural)

wir

ihr

Igor

er

der Regen

der Koffer

die Koffer

die Taschen

sie

die Bäume

Igor und Katharina

Katharina

sie

die Sonne

die Tasche

Sie

Sie

höfliche Anredeform

Suche das richtige Fürwort (Personalpronomen)!

1   sie 14
      er 1

9   sie 21
      Sie 17

17   sie 12
      du 18

2   sie 18
      ich 10

10   er 10
      wir 11

18   Sie 16
      er 9

3   du 19
      er 22

11   er 1
      sie 3

19   du 11
      ihr 15

4   sie 8
      er 13

12   sie 2
      er 5

20   wir 8
      du 21

5   sie 9
      Sie 20

13   sie 20
      er 12

21   ich 3
      du 23

6   ihr 22
      sie 17

14   sie 24
      ihr 7

22   sie 23
      wir 4

7   er 6
      ich 24

15   er 13
      sie 15

23   er 16
      sie 7

8   er 2
      ihr 6

16   sie 19
      Sie 14

24   sie 4
      Sie 5

Regelmäßige Tuwörter (Verben)

	leben	Endung	arbeiten	Endung	
ich	lebe	-e	arbeite	-e	
du	lebst	-st	arbeitest	-est	!
er	lebt	-t	arbeitet	-et	!
sie	lebt	-t	arbeitet	-et	!
es	lebt	-t	arbeitet	-et	!
wir	leben	-en	arbeiten	-en	
ihr	lebt	-t	arbeitet	-et	!
sie	leben	-en	arbeiten	-en	
Sie	leben	-en	arbeiten	-en	

genauso:
finden, baden, reden, schneiden

Achte auf die Endungen, wenn der Verbstamm mit einem
-t oder -d endet!

Was passt zusammen?

1	Sie	reparierst 4		13	wir	funktioniert 9
2	du	koche 11		14	es	studiere 6
3	er	redet 7		15	du	besuchst 1
4	ich	antworten 12		16	ich	lernen 5
5	sie	heirate 15		17	Sie	badet 2
6	es	regnet 3		18	ihr	trinke 18
7	ich	warten 19		19	du	tanzen 22
8	du	arbeitest 23		20	ich	telefonierst 21
9	er	komme 16		21	er	kostet 14
10	du	singt 8		22	ich	machst 17
11	Sie	schneiden 24		23	du	gehen 13
12	ich	rauchst 20		24	wir	finde 10

Was passt zusammen?

Das passiert jeden Morgen...

1	Britta ■■ sich jeden Morgen die Haare.	duscht 7
2	Viele Leute ■■ morgens Kaffee.	putzen 23
3	Hauke ■■ seine Tasche für die Schule.	kämmt 16
4	Morgens um sieben ■■ wir.	frühstücken 15
5	Kaya ■■ nicht gerne.	trinken 24
6	Alle Leute ■■ sich morgens die Zähne.	packt 19

Das macht man in seiner Freizeit...

7	Adnan und Oliver ■■ gerne Fußball.	spielen 11
8	Einmal in der Woche ■■ Frau Müller ins Kino.	hört 4
9	Am Sonntag ■■ Familie Hinrichs eine Fahrradtour.	macht 20
10	Frau Freese und Herr Duska ■■ gerne Tango.	schwimmt 12
11	Timo ■■ gerne Musik.	geht 3
12	Johannes ■■ am schnellsten.	tanzen 8

Das macht man in der Schule...

13	Janina ■■ das schönste Bild.	lernen 22
14	Sebastian ■■ nicht gerne.	fragen 6
15	Wir ■■ jede Woche ein Diktat.	singt 17
16	Wir ■■ Deutsch.	schreiben 13
17	Die Kinder ■■ die Lehrerin.	malt 21
18	Birte und Bülay ■■ das Einmaleins am besten.	rechnen 14

Und das macht man auch...

19	Herr Kardoff und Frau Hinze ■■.	arbeitet 18
20	Johannes ■■ das Auto.	kocht 2
21	Frau Neide ■■ das Mittagessen.	repariert 10
22	Herr Jung ■■ von 7.00 bis 16.30 Uhr in der Firma.	telefonieren 5
23	Joanna ■■ in der Badewanne.	gehen 1
24	Klaus und Peter ■■ ins Kino.	badet 9

Konjugationsübungen

Welche Form ist richtig?

Halef und seine Familie

Halef [1] jetzt in Deutschland.

lebt 4   lebst 1   leben 5

Er [2] aus dem Iran.

kommen 10   kommst 9   kommt 13

Halef und seine Geschwister [3] eine deutsche Schule.

besuchst 23   besucht 11   besuchen 18

Sein Vater [4] in einer Automobilfirma.

arbeitet 3   arbeiten 2   arbeitest 17

Seine Mutter und seine Schwester Iman [5] Deutsch in der Volkshochschule.

lerne 20   lernt 6   lernen 23

Iman [6] nächsten Monat.

heiratet 14   heirate 16   heiraten 3

Halef erzählt:

Ich [7] meine Freunde aus dem Iran.

vermisse 19   vermissen 24   vermisst 21

Ich [8] ihnen oft.

schreiben 4   schreibt 22   schreibe 10

Manchmal [9] wir auch miteinander.

telefoniert 18   telefonieren 17   telefoniere 24

Aber das [10] viel Geld.

kosten 7   kostet 24   koste 12

Nachts [11] ich manchmal von zu Hause.

träume 9   träumt 5   träumen 8

Jetzt [12] ich auch Freunde in der deutschen Schule.

suchst 13   suchen 15   suche 20

Halefs Vater erzählt:

Wir ⬚13 bestimmt einige Jahre in Deutschland.

bleibt 10   bleiben 16
bleibe 19

Das Leben ⬚14 hier viel Geld.

kostet 1   kosten 4   koste 9

Für die Miete ⬚15 wir 500,- Euro im Monat.

bezahlt 18   bezahle 11
bezahlen 5

Aber in der Firma ⬚16 ich viel mehr als im Iran.

verdienen 21   verdiene 15
verdient 8

Natürlich ⬚17 wir auch jeden Monat etwas Geld.

sparen 7   spart 3
spare 23

Meine Eltern fragen mich oft:
„Wann ⬚18 ihr uns besuchen?"

kommt 6   kommst 20
komme 14

Lauter Fragen:

⬚19 ihr zu Hause deutsches oder persisches Essen?

Kochen 19   Kocht 8
Koche 15

⬚20 ihr lieber deutsche oder persische Musik?

Hört 22   Hören 14
Höre 6

Iman, ⬚21 du einen deutschen Mann?

heirate 2   heiratest 11
heiraten 17

⬚22 ihr in den Ferien in den Iran?

Fliege 13   Fliegt 2   Fliegen 22

Halef, ⬚23 du gerne Fußball?

spiele 7   spielen 12   spielst 21

Halef, ⬚24 du gern in die deutsche Schule?

gehen 1   gehst 12   gehe 16

Unregelmäßige Tuwörter (Verben)

	schlafen	helfen	lesen	
ich	schlafe	helfe	lese	
du	schläfst	hilfst	liest	!
er	schläft	hilft	liest	!
sie	schläft	hilft	liest	!
es	schläft	hilft	liest	!
wir	schlafen	helfen	lesen	
ihr	schlaft	helft	lest	
sie	schlafen	helfen	lesen	
Sie	schlafen	helfen	lesen	

Was passt zusammen?

1	ich	schläfst 12		13	Sie	helfe 20
2	ihr	helfen 22		14	ich	gebt 23
3	Sie	lese 11		15	du	sehen 24
4	du	nehmt 7		16	ihr	liest 10

5	ich	esst 8		17	er	wäscht 13
6	ihr	esse 16		18	wir	hilfst 17
7	wir	wirfst 6		19	ich	nehme 14
8	du	waschen 2		20	du	schlafen 9

9	ich	sticht 15		21	er	nimmst 19
10	es	gebe 21		22	du	nimmt 3
11	wir	sprichst 1		23	ich	seht 4
12	du	sprechen 5		24	ihr	werfe 18

Was passt zusammen?

Was passiert in der Nacht?

1	Die Kinder ▆.	liest 9
2	Frau Neide ▆ immer noch.	wirft 20
3	Die Mücke ▆ Herrn Neide in den Arm.	ruft ... an 10
4	Der Einbrecher ▆ einen Stein in die Fensterscheibe.	schlafen 7
5	Die Nachbarin ▆ einen Film im Fernsehen.	sticht 12
6	Sie ▆ die Polizei ▆.	sieht 17

Was passiert auf der Straße?

7	Der Porsche ▆ bei Rot über die Ampel.	gibt 3
8	Der Bus ▆ an der Haltestelle.	fährt 4
9	Der junge Mann ▆ der alten Dame über die Straße.	treffen 6
10	Igor und Michael ▆ sich im Straßencafé.	hält 1
11	Frau Baginski ▆ ein Eis.	isst 14
12	Sie ▆ der Bedienung ein Trinkgeld.	hilft 23

Im Garten

13	Der große Baum ▆ viel Schatten.	gebe 24
14	Der Flieder ▆ dieses Jahr schnell.	gibt 19
15	Im Herbst ▆ die Blätter von den Bäumen.	sehen 15
16	Tulpen ▆ mir am besten.	wächst 22
17	Die Rosen ▆ sehr schön aus.	fallen 11
18	Ich ▆ den Blumen im Sommer viel Wasser.	gefallen 8

Was macht ihr gern im Urlaub?

19	▆ ihr in Urlaub?	Trefft 18
20	▆ ihr gerne Eis?	Esst 13
21	▆ euch Mallorca?	Siehst 21
22	▆ du viel fern?	Fahrt 16
23	▆ du gerne Kriminalromane?	Gefällt 5
24	▆ ihr euch mit Freunden?	Liest 2

Trennbare und nicht-trennbare Tuwörter (Verben)

Ordne zu!

Im Unterricht

1	Der Unterricht █ um 8.00 Uhr █.	erklärt 13
2	Die Lehrerin █ den Schülern die Aufgabe.	schlage … nach 18
3	Ich █ das Wort im Wörterbuch █.	bedeutet 6
4	Sie █ den Text nicht.	schreibt … ab 14
5	Was █ „Abfallbeseitigung"?	verstehen 22
6	Er █ den Text von der Tafel █.	fängt … an 21

Im Bahnhof

7	Der Zug aus München █ um 18.05 Uhr █.	verkauft 1
8	Frau Loretto █ ihre Freundin vom Bahnsteig █.	Besitzen 9
9	Der Zug nach Oldenburg █ von Gleis 2 █.	holt … ab 10
10	Cara und ihre Freunde █ in Hamburg █.	kommt … an 2
11	Der Bahnbeamte fragt: „█ Sie eine Bahncard?"	fährt … ab 17
12	Der Bahnbeamte █ Herrn Müller eine Fahrkarte.	steigen … um 5

Im Haushalt

13	Marina nach dem Mittagessen das Geschirr ▮.	räumen ... ein 15
14	Herr Kostopoulos ▮ seine Wohnung ▮.	kauft ... ein 23
15	Helena ▮ den Tisch ▮.	wäscht ... ab 16
16	Klaus und Karla ▮ die Spülmaschine ▮.	stellen ... an 7
17	Dann ▮ sie die Maschine ▮.	räumt ... auf 20
18	Herr Radoslaw ▮ Getränke im Supermarkt ▮.	wischt ... ab 24

Im Restaurant

19	Tatjana und Kamilla ▮ Justina zum Essen ▮.	entschuldigt 12
20	Sie ▮ ein russisches Restaurant.	bestellen 19
21	Ein freundlicher Ober ▮ sie.	beschwert 4
22	Sie ▮ Piroschki mit Hackfleisch.	laden ... ein 8
23	Der Gast am Nebentisch ▮ sich.	bedient 11
24	Der Ober ▮ sich.	besuchen 3

Mischübung: Tuwörter (Verben)

Wer macht was am Wochenende?

1 Familie Wammer ▨ einen langen Spaziergang durch den Wald.

machen 1
macht 3
mache 11

2 Herr Müller ▨ im Garten.

arbeitet 17
arbeiten 8
arbeitest 19

3 Manuel ▨ einen Brief an seinen Freund in Madrid.

schreiben 10
schreibt 14
schreibst 17

4 Ferit und Timo ▨ ein Fußballspiel.

besucht 20
besuchst 11
besuchen 4

5 Frau Hinrichs und Herr Neide ▨ mit dem Auto ▨.

fährst ... weg 13
fahren ... weg 20
fahrt ... weg 4

6 Frau Lasse ▨ mal ganz gründlich ▨.

schläft ... aus 18
schlaft ... aus 19
schlafe ... aus 21

7 Britta ▨ mit ihrer Freundin ins Kino.

gehst 12
gehen 18
geht 24

8 Das Ehepaar Schwarting ▨ Gäste ▨.

lädt ... ein 10
laden ... ein 21
lade ... ein 22

9 Frau Poppenga ▨ mit ihren Kindern.

spielen 14
spielt 13
spielst 5

10 Herbert ▨ sein Auto.

repariert 19
reparierst 22
reparieren 23

11 Herr Volkers ▨ mit seinem Sohn in den Tierpark.

fahren 6
fährt 9
fahrt 13

12 Hauke und Bianca ▨ ins Schwimmbad.

geht 6
gehen 23
gehst 7

13 Frau Lassau und Frau Knabben  Schach.

spielt 2
spielst 3
spielen 16

14 Herr Linsen ▮ seine Wohnung ▮.

räumen ... auf 3
räumst ... auf 9
räumt ... auf 6

15 Die Nachbarin aus dem Nebenhaus ▮ ▮.

sieht ... fern 2
sehen ... fern 12
sehe ... fern 15

16 Familie Neuhaus ▮ Verwandte.

besucht 15
besuche 9
besuchen 18

17 Adnan, Benjamin und Oliver ▮ eine Fahrradtour.

mache 17
machen 11
macht 24

18 Katharina ▮ ein Buch über Pferde.

liest 1
lest 24
lese 10

19 Alexander und Karina ▮ tanzen.

gehen 12
geht 20
gehst 14

20 Waldemar ▮ am Computer.

spielst 23
spielen 16
spielt 21

21 Helena ▮ ein Bild.

malt 7
malst 16
male 1

22 Olga ▮ im Chor.

singt 5
singen 4
singe 8

23 Frau Wolf und Herr Schmidt ▮ in den Bergen.

wandern 22
wandert 15
wanderst 7

24 Krankenschwester Susanne hat keine Zeit.
Sie ▮ am Wochenende im Krankenhaus.

arbeiten 5
arbeite 2
arbeitet 8

Der Begleiter (Artikel)

> **Jedes Namenwort (Nomen) hat einen Begleiter (Artikel)!**
>
> **der** Koffer   **die** Sonne   **das** Kind
> **der** Baum   **die** Brille   **das** Diktat

Wie heißt der richtige Begleiter (Artikel)? Ordne zu!

1	Buch	die 7		13	Stuhl	die 3
2	Garten	der 9		14	Tasche	der 23
3	Schule	das 12		15	Fahrrad	das 19
4	Lehrerin	die 11		16	Tisch	das 20
5	Auto	der 10		17	Schülerin	die 15
6	Fußball	das 1		18	Büro	der 24
7	Geld	der 5		19	Bahnhof	die 18
8	Bus	die 8		20	Sonne	der 16
9	Firma	das 21		21	Kind	das 14
10	Regen	das 6		22	Baum	das 13
11	Bild	die 22		23	Brille	der 4
12	Musik	der 2		24	Kino	die 17

Einzahl (Singular) und Mehrzahl (Plural)

Einzahl	Mehrzahl	Endung
der Hund	*die* Hund**e**	
das Telefon	*die* Telefon**e**	**+ e**
die Brille	*die* Brill**en**	
der Junge	*die* Jung**en**	**+n**
die Wohnung	*die* Wohnung**en**	
die Zeitung	*die* Zeitung**en**	**+ en**
das Kino	*die* Kino**s**	
der Kuli	*die* Kuli**s**	**+ s**

Welche Mehrzahl-Endung ist richtig? Ordne zu!

1 das Auto   + e 6
2 die Tasse   + s 10
3 der Tisch   + en 9
4 die Tür   + n 1

5 die Schule   + n 17
6 das Kino   + s 2
7 der Film   + en 4
8 das Bett   + e 13

9 die Brille   + en 3
10 der Hund   + s 14
11 die Wohnung + e 18
12 der Kuli   + n 5

13 der Radiergummi + n 11
14 die Zeitung   + en 7
15 die Blume   + s 22
16 der Brief   + e 21

17 das Handy   + e 20
18 der Junge   + n 12
19 das Diktat   + s 19
20 die Fabrik   + en 16

21 der Weg   + s 24
22 die Tasche   + en 15
23 die Krankheit   + e 23
24 das Büro   + n 8

Schwierige Mehrzahlformen

Wie heißt die Mehrzahl?

1 Die ▇ stehen draußen.   Fahrrad 4   Fahrräder 14

2 Wo sind die ▇?   Buch 9   Bücher 18

3 Herr Jakubow hat zwei ▇.   Brillen 21   Brille 13

4 In unserer Straße stehen viele alte ▇.   Haus 24   Häuser 13

5 In den Ferien sind die ▇ geschlossen.   Schule 15   Schulen 9

6 Diese ▇ sind unbequem.   Stühle 17   Stuhl 18

7 Bernard isst drei ▇.   Kotelett 23   Koteletts 5

8 Die ▇ sind geschlossen.   Fenster 1   Fenstern 3

9 Paris hat drei ▇.   Bahnhof 19   Bahnhöfe 22

10 Heute sind vier ▇ krank.   Kind 7   Kinder 10

11 Herr Lux trinkt täglich fünf ▇ Kaffee.   Tassen 2   Tasse 20

12 Igor schreibt heute zwei ▇.   Brief 22   Briefe 6

DER
NÄCHSTE
BITTE

13 | Am Sonntag arbeiten die  nicht.   Postboten 19   Postbote 8

14 | Frau Polina trinkt zwei ▬ Wein.   Glas 1   Gläser 23

15 | Waldemar isst drei ▬.   Bratwürste 15   Bratwurst 21

16 | Die Wohnung hat zwei ▬.   Bad 14   Bäder 20

17 | In unserer Klasse sind vierzehn ▬.   Schülerinnen 12   Schülerin 10

18 | Und wir haben zwölf ▬ in der Klasse.   Jungen 16   Junge 5

19 | Herr Müller hat zwei ▬.   Telefon 17   Telefone 11

20 | Die ▬ fahren alle zum Hauptbahnhof.   Busse 8   Bus 11

21 | Timo hat viele ▬.   Freund 16   Freunde 4

22 | Er hat auch zwei ▬.   Freundinnen 24   Freundin 2

23 | An der Schule arbeiten zwanzig ▬.   Lehrerin 12   Lehrerinnen 7

24 | Wir haben zu Hause drei ▬.   Fernsehgerät 6   Fernsehgeräte 3

Der unbestimmte Begleiter (Artikel)

der	die	das
ein Tisch	*eine* Brille	*ein* Bett
kein	*keine*	*kein*

der Tisch   Ist das *ein* Tisch?   Nein, das ist *kein* Tisch.

die Brille   Ist das *eine* Brille?   Nein, das ist *keine* Brille.

das Bett   Ist das *ein* Bett?   Nein, das ist *kein* Bett.

Wie heißt der unbestimmte Begleiter (Artikel)?

der Baum

die Blume

Ist das ⬚1 Baum?

Nein, das ist ⬚2 Baum.

Das ist ⬚3 Blume.

ein 13
eine 3
keine 15
kein 5
ein 10
eine 16

das Buch

Ist das ⬚4 Buch?

Nein, das ist ⬚5 Buch.

Das ist ⬚6 Zeitung.

eine 16
ein 2
kein 21
keine 7
ein 11
eine 18

die Zeitung

die Sonne

der Mond

Ist das ⬚7 Sonne?

Nein, das ist ⬚8 Sonne.

Das ist ⬚9 Mond.

eine 11
ein 4
kein 20
keine 19
ein 15
eine 12

Ist das 10 Auto?   eine 1
                   ein 22

das Auto

das Fahrrad

Nein, das ist 11 Auto.   kein 8
                         keine 17

Das ist 12 Fahrrad.   eine 21
                      ein 24

der Mann

die Frau

Ist das 13 Mann?   eine 6
                   ein 1

Nein, das ist 14 Mann.   kein 17
                         keine 14

Das ist 15 Frau.   eine 3
                   ein 19

Ist das 16 Bus?   eine 24
                  ein 14

Nein, das ist 17 Bus.   keine 22
                        kein 23

Das ist 18 Flugzeug.   ein 4
                       eine 8

der Bus

das Flugzeug

der Computer

das Telefon

Ist das 19 Computer?   eine 2
                       ein 12

Nein, das ist 20 Computer.   kein 7
                             keine 23

Das ist 21 Telefon.   eine 18
                      ein 9

Ist das 22 Bohrmaschine?   ein 5
                           eine 6

Nein, das 23 Bohrmaschine.   kein 13
                             keine 20

Das ist 24 Staubsauger.   ein 10
                          eine 9

die Bohrmaschine

der Staubsauger

Der bestimmte Begleiter (Artikel) im Wen- oder Wasfall (Akkusativ)

Werfall (Nominativ)	Wen- oder Wasfall (Akkusativ)	
der Koffer	*den* Koffer	!
der Baum	*den* Baum	!
die Sonne	*die* Sonne	
die Brille	*die* Brille	
das Kind	*das* Kind	
das Diktat	*das* Diktat	

Wie heißt der Wen- oder Wasfall (Akkusativ)? Ordne zu!

1	Waschmaschine	den 18		13	Spülmaschine	die 15
2	Buch	die 3		14	Kofferraum	den 13
3	Koffer	das 1		15	Wort	das 17
4	Fahrrad	die 14		16	Kino	den 7
5	Fernseher	das 16		17	Bus	die 6
6	Sonne	den 23		18	Schülerin	das 4
7	Kurs	die 5		19	Kind	den 11
8	Benzin	den 19		20	Aufgabe	die 9
9	Nachbarin	das 21		21	Baum	das 20
10	Miete	den 8		22	Fenster	das 2
11	Licht	die 12		23	Satz	den 22
12	Onkel	das 10		24	Schule	die 24

Wer repariert was?	1	Herr Müller repariert ▮▮ Waschmaschine.	den 22
	2	Klaus repariert ▮▮ Fahrrad.	die 11
	3	Der Techniker repariert ▮▮ Herd.	das 7

Wer fragt wen?	4	Der Polizist fragt ▮▮ Autofahrer.	die 15
	5	Maria fragt ▮▮ Lehrerin.	den 12
	6	Die Ärztin fragt ▮▮ Kind.	das 8

Wer bezahlt was?	7	Frau Santos bezahlt ▮▮ Miete.	den 5
	8	Herr Santos bezahlt ▮▮ Kurs an der Volkshochschule.	die 1
	9	Frau Müller bezahlt ▮▮ Benzin.	das 21

Wer besucht wen?	10	Wir besuchen ▮▮ Nachbarin.	das 2
	11	Sie besucht ▮▮ Onkel in Bremen.	die 16
	12	Ihr besucht ▮▮ Kind im Krankenhaus.	den 6

Wer trägt was oder wen?	13	Mama trägt ▮▮ Baby auf dem Arm.	den 19
	14	Papa trägt ▮▮ Rucksack.	die 9
	15	Isabella trägt ▮▮ Tasche.	das 23

Wer macht was an oder aus?	16	Larissa macht ▮▮ Licht an.	den 13
	17	Katharina macht ▮▮ Fernseher aus.	die 10
	18	Herbert macht ▮▮ Spülmaschine an.	das 24

Wer macht was auf oder zu?	19	Die Lehrerin macht ▮▮ Buch auf.	den 3
	20	Herr Lüders macht ▮▮ Tür zu.	die 17
	21	Frau Müller macht ▮▮ Kofferraum auf.	das 14

Wer erklärt, buchstabiert und korrigiert was?	22	Die Lehrerin erklärt ▮▮ Aufgabe.	den 4
	23	Igor buchstabiert ▮▮ Wort „Brille".	die 20
	24	Der Lehrer korrigiert ▮▮ Satz.	das 18

Der unbestimmte Begleiter (Artikel) im Wen- oder Wasfall (Akkusativ)

den	**die**	**das**
einen Tisch	***eine*** Brille	***ein*** Bett
keinen	***keine***	***kein***

Im Supermarkt: Wer kauft *was*?

1	Marina kauft ___ Liter Milch.	ein 5	einen 9
2	Hans kauft ___ Brot.	einen 10	ein 7
3	Wir kaufen ___ Pfund Tomaten.	eine 14	ein 12
4	Ich kaufe ___ Tafel Schokolade.	eine 10	ein 1

Im Restaurant: Wer bestellt *was*?

5	Birgit bestellt ___ Cola.	eine 17	ein 19
6	Herr Krull bestellt ___ Schweinebraten.	ein 11	einen 20
7	Ina möchte ___ Bockwurst mit Kartoffelsalat.	einen 15	eine 1
8	Michael möchte ___ Eis mit Sahne.	eine 20	ein 3

Was braucht man zum Essen?

9	Man braucht ___ Teller.	einen 23	ein 2
10	Man braucht ___ Löffel.	eine 12	einen 6
11	Man braucht ___ Gabel.	ein 6	eine 4
12	Man braucht ___ Messer.	einen 21	ein 14

Was Ina alles nicht mag.

13	Sie mag ▬ Milch.	keine 21	keinen 7
14	Sie mag ▬ Kaffee.	kein 22	keinen 19
15	Sie mag ▬ Blumenkohl.	keine 13	keinen 11
16	Sie mag ▬ Senf.	keinen 22	keine 23

Was hat Andreas, *was* hat er nicht?

17	Andreas hat ▬ Bruder, aber eine Schwester.	keine 24	keinen 13
18	Er hat ▬ Freundin, aber einen Freund.	keine 24	kein 8
19	Er hat ▬ Katze, aber einen Hund.	kein 18	keine 2
20	Er hat ▬ Auto, aber ein Fahrrad.	kein 15	keine 3

Was ich mir zum Geburtstag wünsche:

21	Ich wünsche mir ▬ Buch.	ein 5	eine 16
22	Ich wünsche mir ▬ Fahrrad.	eine 4	ein 8
23	Ich wünsche mir ▬ Tennisschläger.	ein 17	einen 16
24	Ich wünsche mir ▬ CD.	einen 9	eine 18

Ein Kindergeburtstag

Alexander hat heute Geburtstag. Er wird 10 Jahre alt. Heute Nachmittag feiert er seine Geburtstagsparty. Er bekommt viele Geschenke.

Achtung: In der Mehrzahl (Plural) steht kein Artikel!

1	Tante Anna schenkt ihm ▮ Walkman.	ein 6
		einen 9
2	Nico schenkt ihm ▮ Malkasten.	eine 9
		einen 17
3	Lara schenkt ihm ▮ Füller.	einen 14
		ein 19
4	Oma schenkt ihm ▮ Pullover.	einen 10
		eine 8
5	Onkel Hans schenkt ihm ▮ Fußball.	eine 14
		einen 1
6	Mamas Freund schenkt ihm ▮ Tischtennisschläger.	ein 20
		einen 18
7	Simon schenkt ihm ▮ Bastelschere.	einen 24
		eine 5
8	Carina schenkt ihm ▮ Kassette.	eine 3
		ein 13
9	Opa schenkt ihm ▮ Fahrradklingel.	ein 3
		eine 13
10	Seine Schwester Agnes schenkt ihm ▮ Taschenlampe.	eine 2
		ein 23
11	Onkel Ernst schenkt ihm ▮ Federmappe.	eine 4
		einen 15
12	Angelika schenkt ihm ▮ Telefonkarte.	einen 4
		eine 6

13 Waldemar schenkt ihm  Kuscheltier. ein 21
eine 5

14 Scott schenkt ihm ▬ Stickeralbum. eine 10
ein 23

15 Britta schenkt ihm ▬ Puzzle. eine 16
ein 19

16 Die Nachbarin schenkt ihm ▬ Buch. ein 22
einen 7

17 Mama schenkt ihm ▬ Fahrrad. eine 22
ein 11

18 Olga schenkt ihm ▬ Spiel. ein 20
eine 1

19 Bülay schenkt ihm ▬ Malstifte. – 12
einen 17

20 Sören schenkt ihm ▬ Süßigkeiten. einen 11
– 15

21 Onkel Alfred schenkt ihm ▬ Inline Skater. – 7
eine 18

22 Tante Susanne schenkt ihm ▬ Hausschuhe. ein 2
– 24

23 Katharina schenkt ihm ▬ Quartettkarten. eine 21
– 16

24 Tante Larissa schenkt ihm ▬ CD-ROMs. – 8
ein 12

25

Wie heißt das richtige Fragewort?

Wer, wo, wann, was, warum, wie, woher und wohin? Ordne zu!

1. ▰ heißt du?
   Ich heiße Carolina.

   Woher 19

2. ▰ kommst du?
   Ich komme aus Chile.

   Wie 4

3. ▰ machst du gerne?
   Ich spiele gerne Fußball.

   Wann 3

4. ▰ kommst du?
   Ich komme um 16.00 Uhr.

   Was 24

5. ▰ alt sind Sie?
   Ich bin 33 Jahre alt.

   Was 15

6. ▰ sind Sie in Deutschland?
   Ich arbeite hier.

   Wie 11

7. ▰ wohnen Sie?
   Ich wohne in der Weddingstrasse Nr.4.

   Warum 20

8. ▰ machen Sie in Ihrer Freizeit?
   Ich lerne Deutsch.

   Wo 7

9. ▰ spielt gern Tennis?
   Nico spielt gern Tennis.

   Wohin 16

10. ▰ kommt Lara?
    Lara kommt aus Norwegen.

    Wo 8

11. ▰ fliegt Olga?
    Olga fliegt nach Moskau.

    Wer 23

12. ▰ wohnt Axel?
    Axel wohnt in Hamburg.

    Woher 12

13 ■■ kommt der Zug an?   Wie 17
Der Zug kommt um 12.45 Uhr an.

14 ■■ macht ihr am Wochenende?   Wann 9
Wir machen ein Picknick.

15 ■■ ist Ihr Name?   Was 13
Mein Name ist Viktor Meier.

16 ■■ ist die Toilette?   Wo 10
Sie ist in der 1. Etage rechts.

17 ■■ geht es Ihnen?   Wer 22
Danke, gut.

18 ■■ trinken Sie?   Warum 2
Eine Cola, bitte.

19 ■■ trinkt Katharina nichts?   Wie 1
Sie hat keinen Durst.

20 ■■ kommt mit ins Kino?   Was 18
Ich komme mit ins Kino.

21 ■■ ist Ihr Name?   Wo 21
Mein Name ist Karla Hinrichs.

22 ■■ beginnt der Film?   Wann 14
Der Film beginnt um 20.15 Uhr.

23 ■■ ist das Rathaus?   Wohin 6
Gehen Sie immer geradeaus und dann rechts.

24 ■■ fährt der Bus?   Wie 5
Er fährt zur Universität.

Das Alphabet

Du willst im Wörterbuch ein neues Wort suchen.
Dazu musst du die Reihenfolge der Buchstaben kennen.

Wie sind die drei Wörter alphabetisch richtig geordnet?

Zuerst ein Beispiel:

Kaffee	**T**ee	**C**ola	➡	*falsch*			
Cola	**K**affee	**T**ee	➡	*richtig:*	C	K	T

1	Mutter	Vater	Kind	6
	Kind	Mutter	Vater	19
2	Bad	Flur	Küche	21
	Flur	Bad	Küche	13
3	Messer	Gabel	Löffel	10
	Gabel	Löffel	Messer	24
4	Becher	Tasse	Glas	1
	Becher	Glas	Tasse	8
5	Auto	Bahn	Flugzeug	5
	Bahn	Auto	Flugzeug	21
6	Hund	Katze	Elefant	18
	Elefant	Hund	Katze	22
7	Schnee	Regen	Wind	4
	Regen	Schnee	Wind	15
8	Frühling	Sommer	Winter	13
	Winter	Frühling	Sommer	5
9	kalt	warm	heiß	14
	heiß	kalt	warm	11
10	breit	lang	groß	17
	breit	groß	lang	18

11	rot	gold	schwarz	19
	gold	rot	schwarz	2
12	groß	klein	riesig	16
	klein	groß	riesig	20
13	billig	preiswert	teuer	7
	teuer	billig	preiswert	23
14	grün	braun	rot	11
	braun	grün	rot	9
15	rund	eckig	quadratisch	24
	eckig	quadratisch	rund	23
16	neu	alt	uralt	15
	alt	neu	uralt	20
17	laufen	springen	gehen	9
	gehen	laufen	springen	3
18	hören	riechen	sehen	12
	sehen	hören	riechen	2
19	kaufen	einkaufen	verkaufen	12
	einkaufen	kaufen	verkaufen	4
20	bestellen	essen	zahlen	1
	zahlen	essen	bestellen	7
21	bügeln	putzen	staubsaugen	17
	staubsaugen	bügeln	putzen	22
22	fernsehen	lesen	spielen	10
	lesen	spielen	fernsehen	3
23	rauchen	trinken	essen	16
	essen	rauchen	trinken	14
24	antworten	reden	sagen	6
	sagen	reden	antworten	8

Das Wiewort (Adjektiv)

Wie heißt das Gegenteil?

1	groß	kurz 20
2	schnell	klein 7
3	warm	arm 22
4	lang	dumm 17
5	klug	langsam 9
6	reich	kalt 24

7	alt	hell 11
8	gut	leise 4
9	dunkel	billig 2
10	fleißig	jung 15
11	teuer	schlecht 13
12	laut	faul 6

13	trocken	fröhlich 12
14	nah	niedrig 23
15	hoch	dünn 3
16	schwer	leicht 8
17	dick	nass 19
18	traurig	fern 21

19	schön	hart 18
20	modern	altmodisch 1
21	bequem	grob 14
22	schwarz	hässlich 16
23	fein	unbequem 5
24	weich	weiß 10

Welches Wort ist ein Tuwort (Verb)?

1	ist 13	der Schrank 9	modern 14
2	ein Brot 4	kauft 17	Frau Dander 20
3	Simon 8	läuft 4	schnell 21

4	Timo 12	sieht fern 2	
5	spielt 3	Fußball 23	Alexander 5
6	eine Cola 15	bestellt 6	Helena 13

7	mein Freund 2	Bernard 3	ist 5
8	Olga 16	ihre Schuhe 22	putzt 1
9	ein Bier 6	Carsten 24	trinkt 15

10	antwortet 16	Anne 9	
11	repariert 14	Frau Müller 17	die Waschmaschine 13
12	sammelt 18	Briefmarken 10	Carina 6

13	in Hannover 1	arbeitet 7	Elisabeth 6
14	Sören und Susan 18	schwimmen 11	am schnellsten 5
15	nach Mallorca 10	Karla 19	fliegt 9

16	Gitarre 6	spielt 20	Klaus 17
17	sammelt 23	Arndt 4	Überraschungseier 24
18	kommt 22	aus Kasachstan 3	Waldemar 11

19	Hauke 4	eine Geschichte 6	erzählt 12
20	räumt auf 19	Manuel 2	sein Zimmer 11
21	einen Brief 15	schreibt 21	Franziska 19

22	schimpft 24	Adnan 12	
23	regnet 8	es 3	
24	telefoniert 10	Herr Müller 20	mit seinem Kollegen 7

Und jetzt schreibe die Sätze auf!

Welches Namenwort (Nomen) passt?

1	Herr Kart bügelt das ▬.	Katze 12
2	Frau Hagen kauft ein ▬.	Hemd 23
3	Sabine bestellt eine ▬.	Auto 19
4	Simon füttert die ▬.	Suppe 10

5	Renate trinkt ein Glas ▬.	Redestein 11
6	Igor geht ins ▬.	Buch 7
7	Janina liest ein ▬.	Wein 9
8	Oliver hat den ▬.	Schwimmbad 8

9	Wir machen gleich eine kurze ▬.	Liebe 24
10	Papa braucht nach Feierabend seine ▬.	Pause 21
11	Mama glaubt an die große ▬.	Krankheit 20
12	Das ist eine schwere ▬.	Ruhe 22

13	Der Direktor hält eine ▬.	Glück 18
14	Frau Hagen hat schlechte ▬.	Verspätung 3
15	Der Zug hat ▬.	Rede 5
16	Hans hat ▬.	Laune 1

17	Britta schreibt einen ▬.	Freundin 17
18	Die Wohnung hat vier ▬.	Zimmer 16
19	Der Bus fährt zum ▬.	Brief 13
20	Timo hat eine ▬.	Hauptbahnhof 2

21	Bald ist ▬.	Schneemann 4
22	Carsten freut sich auf die ▬.	Schnee 6
23	Hoffentlich gibt es ▬.	Weihnachten 15
24	Dann bauen wir einen ▬.	Geschenke 14

Namenwörter (Nomen) schreibt man groß!